ALBERT DURUY

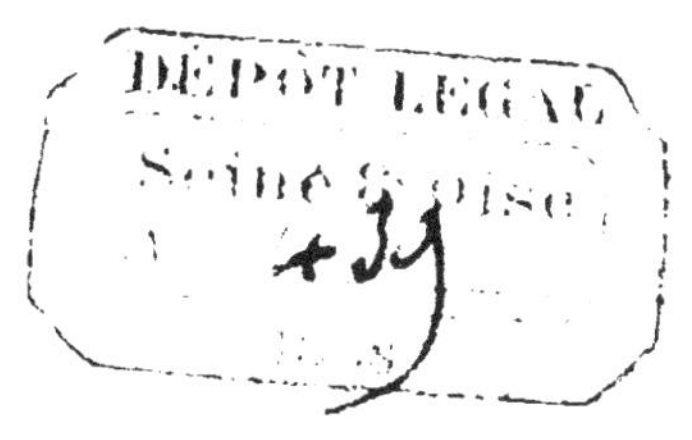

ALBERT DURUY

« Quel regret pour ses amis !
Quel deuil pour ses parents !
Pour ceux qui l'ont seulement
connu, quelle pitié !... »

(Extrait de l'*Anthologie*.)

C'est dans une vieille maison d'un des plus vieux quartiers de Paris, sur la montagne Sainte-Geneviève, en plein centre universitaire, rue des Poules (aujourd'hui Laromiguière), une vraie rue de province, solitaire, silencieuse et grise, qu'il naquit le 2 janvier 1844. — Fils et petit-fils d'artisans flamands attachés depuis Colbert à la manufacture des Gobelins, son père, le futur ministre et sénateur de l'Empire, n'était alors qu'un modeste professeur d'histoire. Sa mère, née de Graffenried, appartenait à une famille noble de Berne. Il était aisé de retrouver aussi bien dans l'être physique que dans l'être moral d'Albert Duruy la trace de ce double atavisme. Sa

force athlétique, cette santé qui longtemps parut indestructible, la sève dont il débordait, sa mâle intrépidité, attestaient la présence du sang jeune et riche transmis par l'hérédité plébéienne. L'élégance de sa structure, la beauté parfaite de cette tête énergique et fine dont l'ovale rappelait un peu celui des portraits du temps de Henri III ; dans un autre ordre, l'aristocratie de ses instincts, qui alla se développant avec l'âge, je ne sais quoi de chevaleresque qui perçait sous sa simplicité, une courtoisie native qui ne sentait ni la recherche ni l'apprêt, sa réserve un peu hautaine mais non pas raide et cassante, le soin qu'il prenait d'imposer à sa parole, à son geste, une mesure dont ses sentiments n'étaient pas toujours également pourvus, tout enfin, était marqué chez lui comme d'un trait léger de gentilhommerie.

*
* *

Il fit ses études au lycée Henri IV, puis à Charlemagne, où il eut pour professeurs MM. Hector Lemaire et Gaston Boissier. En inspirant au jeune rhétoricien l'amour des belles-lettres, ces maîtres éminents leur préparaient un défenseur : on sait avec quelle ardeur de conviction il devait prendre en main la cause des humanités quand, plus tard, il les jugea menacées, et comment il leur paya sa dette en mettant à leur service, avec une sorte de gratitude filiale, la délicatesse et la vigueur d'un talent qu'elles avaient formé. Reçu à l'École normale en 1863, il la quitta avant la fin de la troisième année, renonçant volontairement au professorat, dont le labeur paisible et régulier n'eût pas donné satisfaction aux vives impulsions de ce tempérament fougueux, non plus qu'à l'instinct d'une nature avide d'indépendance, qui semblait déjà ne pouvoir trouver que dans l'action l'emploi de ses facultés.

*
* *

Il hésitait encore sur le choix définitif d'une carrière et cherchait sa voie, tantôt sollicité par le journalisme, — qui a de tout temps exercé de puissantes séductions sur les jeunes transfuges de l'Université, — tantôt songeant à entrer dans l'administration par la porte du conseil d'État, quand la guerre éclatant lui révéla une vocation qu'il ne se connaissait pas.

Si l'on considère que l'issue de la campagne ne faisait doute pour presque personne ; que les victoires de Crimée, d'Italie, de Chine, du Mexique, semblaient le gage de nouveaux succès ; qu'on aurait traité de fou le prophète de malheur qui eût annoncé à cette France de 1870, gaie, prospère et confiante en sa force qu'elle serait, après quelques semaines, réduite à lutter désespérément non pour la gloire mais pour l'existence même : on conviendra qu'il fallait être doué d'un patriotisme singulièrement impérieux, pour laisser derrière soi les fêtes, les plaisirs de Paris, la vie facile d'un fils de ministre, et courir à la frontière dès le premier appel de clairon. C'est pourtant ce que fit Albert. Le jour même de la déclaration, il s'engagea, comme si quelque secret instinct l'eût averti que le pays n'avait pas assez, cette fois, de ceux dont c'était le métier de combattre et de mourir pour lui : noble exemple qui sans doute ne fut pas perdu et prépara bien des âmes moins viriles à l'idée d'accepter sans faiblesse, si la France l'exigeait, ce devoir dont, avec une généreuse ardeur, il devançait, lui, l'accomplissement.

∴

Le 25 juillet 1870, vers deux heures de l'après-midi, le 1er régiment de tirailleurs algériens, en tenue de campagne, franchit la grande porte de la caserne du quai d'Orsay et se mit en marche, dans la direction de la gare de l'Est, par la rue de Rivoli et le boulevard de Sébastopol, noms glorieux, d'un augure, hélas, bien trompeur ! La musique jouait allégrement des marches guerrières ; la *Marseillaise* redevenue le chant national, — la *Marseillaise* que n'avaient encore déshonorée ni les clairons de l'Allemagne, ni ceux de la Commune, — jaillissait de toutes les bouches, et le peuple, massé le long des trottoirs, frémissait en sentant passer sur sa tête l'hymne des grands jours d'autrefois, comme un vent de colère qui soufflait vers le Rhin. Au milieu de ces Arabes, de ces Kabyles, de ces nègres qui défilaient coiffés de la rouge chéchia, on remarquait un jeune soldat dont la peau blanche formait contraste avec les reflets de bronze que la lumière mettait aux fronts luisants de ses compagnons d'armes. C'était Albert Duruy, engagé volontaire aux tirailleurs pour la durée de la guerre : sachant ce corps destiné à recevoir et à donner les premiers coups, c'est parmi ces combattants d'avant-garde qu'il avait sollicité la faveur de prendre place, « afin, disait-il gaiement, de ne pas perdre les premières notes de l'ouverture ». Sac au dos et musette au côté, la large ceinture couleur de sang roulée autour de la taille, son fusil sur l'épaule, les narines frémissantes, comme s'il avait flairé déjà l'odeur de la poudre, il marchait, plein de joie, à la bataille, du pas alerte d'un chasseur partant pour la battue. A mesure qu'on approchait de la gare qui porte à son fronton les statues de Strasbourg et de Metz, la musique, gagnée par l'ivresse populaire, accélérait son rythme ; des turcos lançaient en l'air leur fusil, comme à la fantasia, en poussant des clameurs gutturales ; la foule applaudissait, criait, pleurait... Et c'est ainsi qu'ils s'en allèrent, ces vaillants Africains, vers les champs maudits de l'Est, avec le drapeau de leur régiment, la loque sacrée qu'on ne devait plus revoir et qui, ce jour-là, faisait plus fièrement que jamais étinceler son aigle d'or au soleil de juillet.

*
* *

Quelques jours plus tard, Albert est à Strasbourg, puis à Haguenau. Le 1er tirailleurs, qui fait partie de la division Abel Douay, reçoit l'ordre d'aller, le 3 août, occuper Wissembourg : le régiment bivouaque sur les hauteurs au sud de la ville. Le lendemain matin, une reconnaissance de cavalerie chargée d'explorer les alentours rentre sans avoir rien remarqué de suspect. On se prépare à faire tranquillement la soupe : tout à coup, un obus parti des hauteurs de Schweigen éclate dans le camp, et l'artillerie bavaroise démasquant les batteries que nous n'avons pas su découvrir, ouvre un feu violent sur la ville. Les turcos descendent de leurs positions pour occuper les lignes, autrefois célèbres, de Wissembourg, dont l'importance est singulièrement réduite par la portée des canons ennemis. La 1re compagnie du 2e bataillon est placée au nord-est de la ville, le long de la route de Landau. C'est là que, au témoignage d'un de ses chefs [1], « l'engagé de la veille, placé tout près du sergent-major Jacquiot, tire sans broncher et sans s'émouvoir plus de quatre-vingts cartouches, dont bien des balles vont faire un vide dans les rangs bavarois ». Cependant le général Douay est mortellement blessé; écrasée par le feu d'un ennemi six ou sept fois supérieur en nombre, la petite division française, si témérairement exposée, a fait des pertes énormes : il faut songer à la retraite. Pendant que les débris de nos régiments commencent à se replier dans la direction du col du Pigeonnier, les Allemands, enhardis par ce mouvement de recul, descendent en masses compactes de leurs positions, et pour la première fois de la journée se hasardent à prendre l'offensive. Demeuré à l'extrême arrière-garde, Albert, au lieu de continuer à se replier comme ses

1. Le lieutenant Alfred Rousseau, aujourd'hui chef de bataillon, commandant en second l'école de Saint-Maixent.

camarades, s'arrête, et, lentement, méthodiquement, avec la même tranquillité que s'il eût tiré à la cible, brûle ses dernières cartouches. Il put goûter alors ce qu'il a déclaré plus tard avoir été la suprême jouissance de sa vie : le bonheur, — étant seul, du côté des Français, à tirer en cet instant, — de voir un homme tomber à chaque coup. Quand il eut épuisé ses munitions, les têtes de colonnes bavaroises n'étaient plus qu'à une centaine de mètres. Quittant l'arbre derrière lequel il avait tiré et dont le tronc criblé de projectiles lui avait sans doute plusieurs fois sauvé la vie, Albert se mit à courir du côté d'un remblai de chemin de fer, qui pouvait lui servir à se défiler du feu de l'ennemi. Pour y parvenir, il fallait franchir un espace complètement découvert : une grêle de balles s'abattit aussitôt sur lui, sans l'atteindre. Il put ainsi rejoindre l'arrière-garde française, qui le recueillit, exténué, la paume de la main droite et l'épaule meurtries, à force d'avoir tiré. Le soir même, il écrivait, au crayon, avec une gamelle pour pupitre, l'héroïque billet que voici :

« Leinbach, le 4 au soir.

» Mon cher père,

» Nous avons eu une affaire très chaude. Je suis

sain et sauf. Vuillemin est blessé, peut-être prisonnier; Rousseau n'a rien. Je crois m'être assez bien comporté. Dis à George que j'en ai descendu au moins une dizaine.

» Je t'embrasse.

» ALBERT. »

Deux jours après, Reichshoffen ! Le 1er tirailleurs, gardé en réserve, assiste d'abord, immobile, à la lutte commencée dès sept heures du matin. Mais du fond des bois et des vallons, du haut des collines, de partout, arrive la marée noire et formidable qui, cette fois encore, va submerger notre petite armée. « Vers deux heures du soir, a écrit un des témoins et des acteurs de cette lutte mémorable [1], au moment où les masses prussiennes parviennent aux abords de Frœschwiller, les turcos reçoivent l'ordre de marcher. Ils se précipitent, et voient pour un instant les Prussiens reculer devant eux. Soudain, de la lisière d'un bois, part un feu terrible qui arrête ce premier élan et fait perdre en partie le terrain regagné. Cependant le régiment, formant des groupes divers, se lance de nouveau, et, dans cette circonstance, par deux fois, Albert Duruy, en

1. Le commandant Rousseau, déjà cité.

avant de son groupe, le fusil haut, l'œil étincelant, la voix vibrante, entraîne ses compagnons ».

Il n'était plus possible, même aux plus optimistes, de voir seulement dans la bataille de Reichshoffen un glorieux échec, comme dans le combat de Wissembourg. Les lettres qu'Albert écrit après cette sanglante journée sont toujours d'une aussi belle allure, d'une aussi noble simplicité : mais on sent que l'ombre de la défaite a passé sur lui, et que de patriotiques appréhensions se sont emparées de ce vaillant cœur.

« Lundi 8 août, au matin.

» Mon cher père,

» Nous arrivons à Sarrebourg. En quatre jours nous nous sommes battus trois fois et nous avons marché le reste du temps, sans pain, à peine un peu de biscuit. Nous sommes morts de fatigue. Oh ! l'intendance !... Si j'en reviens, j'en aurai de tristes à raconter.

» Les Prussiens nous mènent tambour battant. Nous avons marché depuis hier six heures jusqu'à ce matin trois heures. Nous nous arrêtons, obligés d'évacuer Saverne et de nous replier sur Metz, je pense. Sauf une extrême lassitude, je suis bien. Décidément, les balles et la mitraille ne me font plus le moindre effet. J'étais né pour être militaire. Mais je suis profondément triste. Quelles deux journées! A Wissembourg, nous avons donné tout le temps. A Wœrth, nous avons été engagés seulement à deux heures, pour soutenir la retraite. Nous avons chargé trois fois de suite à la baïonnette et fait plier les Prussiens à plus d'un kilomètre. Mais il a bien fallu céder : ils étaient tant!

» Adieu. Je vous embrasse tous.

» ALBERT.

» J'ai été tout le temps en tête de mon bataillon. Les balles ne veulent pas de moi. Dans ma compagnie, nous ne sommes plus qu'une quarantaine sur cent vingt. Je pense qu'on va nous laisser un peu respirer. »

« Mardi 9, au matin.

» Mon cher père,

» Nous sommes en pleine retraite sur Metz, avec un corps d'armée complètement démoralisé. Voilà six jours que nous marchons jour et nuit ou que nous nous battons, sans vivres ni subsistances aucunes. Je ne sais pas comment les hommes se tiennent encore debout. Nous sommes partis hier, ou plutôt cette nuit, de Sarrebourg, à minuit, et il faut que nous soyons demain soir à Metz ou à Nancy : c'est cent kilomètres en deux jours. Encore si la route était libre ! Mais l'artillerie, les bagages, les *impedimenta* de toute sorte nous précèdent et nous sommes obligés de marcher à raison d'un kilomètre par demi-heure. C'est plus fatigant que de marcher vite.

« Je suis navré, mais je vais bien, pour un homme qui ne s'est pas déshabillé depuis six jours, qui a perdu ses bagages, sa tente, qui couche en plein air avec la pluie sur le dos, sans même un caban à se jeter sur les épaules, sans un sac pour appuyer sa tête. Mon sac est resté sur le champ de bataille de Wœrth ou de Frœschwiller, comme tu voudras. Nous les avions jetés pour charger à la baïonnette : la mitraille ne nous a pas permis de les ramasser.

« Adieu, je vous embrasse tous.

» ALBERT.

» Il paraît que le colonel me propose pour la médaille militaire. Il m'a d'ailleurs fait les plus grands éloges pour « mon entrain et mon sang-froid ». Tu n'en doutais pas, j'espère ! »

Le lendemain, 10 août, il écrivait à un de ses amis cet autre billet, où l'on retrouve la trace des mêmes inquiétudes et de la même tristesse :

« Mon cher ami,

» Nous sommes en pleine retraite sur Nancy. Notre corps d'armée, battu à Wissembourg et à Frœschwiller, est démoralisé. Que voulez-vous : à Wissembourg nous étions 6000 contre 40 000 et nous n'avions pas mangé depuis trente-six heures! A Frœschwiller nous étions 40 à 45 000 contre 120 000 et nous n'avions pas fait la soupe depuis six jours! Nos hommes ont été admirables; nous avons fait trois charges successives à la baïonnette, à Frœschwiller, et trois fois les Prussiens se sont sauvés. Mais la mitraille nous a écrasés. Sur soixante-dix officiers, il en reste à mon régiment trente-cinq; à ma compagnie, sur cent vingt, nous sommes revenus quarante.

» Soulevez Paris, soulevez la France : que tout le monde marche!

» Je vous écris à la hâte : voici deux nuits que nous marchons à raison de 50 kilomètres. J'ai les pieds en sang : les jambes demandent grâce, mais pas le cœur. J'ai écrit presque tous les jours à mon père, mais on nous dit que toutes les lettres n'arrivent pas. Le service des postes est fait comme celui des ambulances...

» Adieu. Je vous embrasse tous.

» ALBERT. »

Porté à l'ordre du jour de son régiment après Reichshoffen, « le fils du grand chef », comme l'appelaient avec une naïve admiration ses camarades algériens, avait reçu en récompense de sa belle conduite la médaille militaire, qu'on ne prodiguait pas alors. Après bien des marches et des contremarches, le régiment harassé arriva au camp de Châlons. Albert obtint une permission de vingt-quatre heures, dont il profita pour venir à Paris. Hélas, dans quel état nous retrouvâmes cet échappé de nos premiers désastres! La sueur et la pluie avaient décoloré sa veste bleue; sa ceinture rouge, toute déteinte, était roulée comme une corde autour de sa taille; son large pantalon flottant était déchiré, maculé, souillé de sang et de fange; le cuir de ses grandes bottes disparaissait sous la boue de vingt étapes; il avait la barbe longue et inculte, les joues hâves, le teint bruni, un pli dur entre les sourcils, le regard farouche. Il ne voulait pas se laisser embrasser, tant il était sordide, l'ancien abonné de l'Opéra, le beau garçon, élégant dans sa mise, à qui tous les salons faisaient fête, et que les hommes enviaient parce qu'il plaisait trop! Oh! quelle apparition ce fut que celle de ce vaincu, noir encore de la poudre de sa dernière bataille, et dont les yeux, si doux naguère, gardaient quelque chose de tragique, qu'y avait laissé, sans doute, la vision de la mort contemplée face à face! Il voulut nous dire des choses tendres, mais sa voix était devenue rauque, à force de crier : En avant! Et puis, nous sentions bien que sa pensée n'était pas avec nous, qu'elle était là-bas, où l'on avait combattu, où l'on allait combattre encore, là-bas, près de ses camarades morts et près de ceux qui, comme lui, restaient encore debout pour la suprême hécatombe... Il ne nous donna que quelques instants, s'en alla prendre un bain et repartit.

*
* *

Le 2 septembre — jour maudit! — l'armée est massée au fond de ce cirque fatal qu'entourent des collines hérissées de batteries allemandes. Le 1er tirailleurs est placé sur le bord de la route qui relie Givonne à Sedan. Les officiers font coucher leurs hommes derrière un repli de terrain, et restent debout sur le chemin, se promenant de long en large, le cigare aux lèvres. L'ennemi, comme toujours, est invisible; comme toujours, aussi, il nous voit et nous écrase, à distance, de boulets. Pas une cartouche à tirer : ils sont trop loin! Pas un mouvement à faire en avant : l'ordre est de ne pas bouger! Et l'on reste ainsi pendant des heures, de longues heures d'inaction, aussi meurtrières que des heures de combat... A quelques milliers de mètres, c'est Bazeille qui brûle, c'est le fracas de la lutte gigantesque qui s'engage sans eux : partie terrible, dont chacun sait que l'enjeu est l'honneur et le salut de la France. Les officiers vont et viennent à découvert sur le chemin, réconfortant par l'exemple de cette bravoure stoïque leurs hommes étendus à plat ventre et que l'attente énerve. Cependant le tir des canons allemands devient plus juste, les projectiles arrivent plus serrés et labourent la route en dispersant au loin la gerbe de leurs éclats, qui déchirent l'air avec un bruit sinistre. De temps en temps, un officier tombe, les membres broyés : les autres s'approchent, regardent un instant le mort ou serrent silencieusement la main du mourant, et recommencent à marcher de long en large, en attendant leur tour. Ah! si seulement on leur donnait l'ordre de mettre baïonnette au canon et de charger sur ces maudites, sur ces lâches batteries! Mais non! Il faut demeurer sous la pluie de fer, et ils demeurent.

Albert n'avait pas voulu se coucher. Debout sur la route, il se tenait près de son capitaine et causait avec lui, quand un obus éclate à quelques pas d'eux et fracasse la cuisse de cet officier. Albert le charge sur son dos et l'emporte vers une maison isolée, la ferme Quérimont, située près du bois de la Garenne. Quand il y arrive, elle est pleine déjà de blessés et de morts; les médecins sont à l'œuvre; l'un d'eux crie à ce jeune soldat valide de monter sur le toit, et d'y arborer un drapeau d'ambulance, car les obus commencent à se rapprocher d'une façon inquiétante. Laissant son capitaine entre leurs mains, il obéit et monte. Pendant qu'il est là-haut, en train d'attacher la hampe du drapeau au tuyau d'une cheminée, deux ou trois obus crèvent la toiture et mettent le feu à des bottes de foin entassées dans un grenier. Les flammes se propagent avec une telle rapidité qu'il se voit entouré par elles avant d'avoir pu regagner l'escalier. Il parvient cependant, en se laissant glisser le long d'une gouttière — ses camarades d'École normale savent de quels tours de force ou d'agilité Albert était capable! — il parvient à descendre jusqu'au rebord d'une fenêtre du second étage. Mais des tourbillons de fumée en jaillissent tout à coup, avec des myriades d'étincelles. Des cris affreux emplissent la maison... Des blessés tout sanglants se sauvent à demi brûlés hors de cette fournaise, — ceux du moins qui peuvent marcher encore, mais les autres !... — Albert avise au-dessous de lui, dans la cour, un cadavre étendu sur le dos : il saute sur ce bourrelet de chair, qui amortit un peu la violence du choc. Quand il essaye de se relever, sa jambe gauche lui refuse tout service : la rotule est déboîtée. Une horrible douleur qu'il éprouve dans le dos, lui fait craindre quelque lésion de la colonne vertébrale. Il se traîne néanmoins jusqu'au bois voisin. A ce moment la bataille était irrémédiablement perdue. Les nôtres se repliaient en désordre sur la ville dont le nom seul, prononcé devant nous, devrait faire monter la rougeur à nos fronts et les larmes à nos yeux. Des clameurs lointaines annonçaient déjà l'approche de l'ennemi. Ils arrivaient, en effet, Bavarois, Saxons, Wurtembergeois, Prussiens, ils arrivaient en foule innombrable de tous les points de l'horizon, resserrant le cercle de fer qui nous étreignait depuis le matin, ivres de joie et, comme des traqueurs poussant devant eux le gibier, ils jetaient de grands hourras de victoire. Albert les vit entrer dans le bois où il s'était caché ; à bout de forces, sans armes, il restait étendu au pied d'un arbre. Un soldat ennemi se disposait déjà à le tuer, parce qu'il ne voulait pas faire signe qu'il se rendait : heureusement, un officier survint, dont l'intervention le sauva. C'est ainsi qu'il fut pris.

*
* *

On l'emmena d'abord à Mayence; puis il fut interné à Bonn et enfin à Coblentz. Pendant ces longs mois de captivité, sa pensée ne se détache pas une seule heure de la France et de tous ceux, chers à son cœur, qu'il y a laissés. Il tressaille de fierté à la nouvelle de la résistance acharnée qui se prépare. « On dit que Paris va se défendre : bravo, et vive la France! » écrit-il dans une lettre arrivée bien longtemps après à destination. Mais il a vu de trop près les armées allemandes pour oser croire que nos milices improvisées pourront tenir devant elles. « Je vois par les journaux que vous paraissez décidés à vous défendre vigoureusement. J'applaudis de toutes mes forces à cette résolution qui sauvera du moins ce qui peut encore être sauvé de l'honneur du pays. Mais j'ai bien peur que ce ne soit là un sacrifice inutile. Jamais on n'organisera une armée capable de faire une diversion suffisante. Mieux vaudrait, peut-être, se résigner aux humiliations qui nous attendent, et nous mettre à préparer aussitôt une formidable revanche... » (Lettre à son père, de Bonn, le 23 septembre 1870, reçue le 19 février 1871.) Aux anxiétés patriotiques, se mêlent des préoccupations d'un autre ordre. Il tremble pour les siens : pour son frère aîné, l'ancien officier, qui doit avoir repris du service, et qui, en effet, se faisait à quelque temps de là casser un bras au Bourget, pour son jeune frère, pour son père, pour sa sœur Hélène, pour ses amis. Où sont-ils, que font-ils, tous ceux qu'il aime? Il est sans nouvelles et il souffre. « Je n'ai pas le courage de t'écrire plus longuement, ne sachant quel sort est réservé à cette lettre. Mais je suis avec vous par la pensée et je ne vous quitte pas. Quelles angoisses! Tâche de m'écrire, par quelque voie que ce soit. L'ignorance où je suis m'accable complètement. Je voulais me mettre à l'allemand,... pour plus tard, quand ce sera notre tour d'aller chez eux... Mais le moyen? Si tu peux m'écrire, n'oublie pas de me dire si tu es dans la garde nationale et si Anatole est à l'armée. Donne-moi aussi des nouvelles de Lavisse, de Delacroix et des Bréton. Tâche que George ne s'expose pas. Mon genou va mieux. Adieu. Je t'embrasse comme je t'aime. — Albert. » (Lettre déjà citée.) Il apprend qu'on l'a cru mort, après Sedan, et aussitôt il s'alarme à l'idée que peut-être cette fausse nouvelle est venue jusqu'aux oreilles des siens. « Je viens d'avoir la visite d'un commandant de tirailleurs, arrivé ce matin à Bonn. Il paraît qu'on m'avait porté mort. Jamais je n'ai vu un homme plus étonné, au premier moment de notre rencontre. Il n'en pouvait croire ses yeux. Pourvu que vous n'ayez pas reçu cette fausse nouvelle! » (Même lettre.) Dans d'autres passages, la note guerrière reparaît : « Dieu que j'aurais voulu être à Athis-Mons, ou à Villeneuve, quand ils ont passé la Seine! Je n'ai eu aucun plaisir à Sedan. Je n'ai vu tomber personne sous mes balles. Et j'en ai tiré bien peu! Mais je me sens au cœur une haine vigoureuse qui ne s'éteindra qu'avec moi. » (Même lettre). Ailleurs, il songe à la petite maison de campagne où il a passé sa jeunesse, et s'attendrit à l'idée des dévastations qu'elle a dû subir : « Et ce pauvre Villeneuve!... Avez-vous pu les uns ou les autres aller voir ce qu'ils en ont fait? S'ils n'ont brûlé que les meubles et volé que les pendules, il n'y a pas grand mal; mais nos livres! » (Lettre du 8 février 1871.) Et c'est ainsi que sa pensée, pendant ces cruelles semaines de captivité, va de son pays à sa famille, de sa famille à ses amis, sans s'arrêter une seule fois sur les souffrances qu'il endure lui-même : tant c'était l'instinct de cette généreuse nature d'unir à la vaillance l'esprit d'abnégation.

*
* *

A peine remis du choc affreux qui avait ébranlé

tout son organisme en y laissant, hélas, des traces invisibles mais profondes, Albert avait songé à se faire échanger contre quelque prisonnier allemand et à reprendre aussitôt du service. Une occasion parut devoir se présenter vers la fin de décembre. Le général de Gallifet, interné à Coblentz, lui donna pour le général Faidherbe, commandant en chef de l'armée du Nord, une lettre de recommandation qui, signée du nom glorieux de ce brave entre les braves, équivaut à une seconde citation à l'ordre du jour.

« Coblentz, le 25 décembre 1870.

» Mon général.

» Cette lettre vous sera remise par notre compagnon de captivité Duruy, qui peut profiter d'un échange pour aller combattre de nouveau et sous vos ordres. Je vous le recommande d'une manière toute spéciale. Il est aimé et estimé de tous. Sa conduite au combat de Wissembourg lui a valu d'être cité et médaillé. Tous les officiers de son régiment que j'ai rencontrés pendant notre marche sur Metz m'ont entretenu de sa belle conduite à la bataille de Reichshoffen. A Sedan, il a été blessé dans les circonstances les plus flatteuses. Je vous demande de l'utiliser, convaincu que vous me remercierez de l'avoir signalé à votre attention.

» Veuillez me croire,

» Mon général,

» Votre respectueux,

» Général GALLIFET. »

L'échange projeté ne put se faire, et ce fut seulement après la signature de l'armistice qu'Albert fut rendu à la liberté, le 10 février 1871. Il n'avait pas encore renoncé à l'espoir de se battre de nouveau. « Gambetta vient de donner sa démission; la guerre est donc finie. Il n'y avait que lui qui eût encore assez de nerf pour la continuer. Je sais bien qu'on ne l'aurait pas suivi. C'est égal, c'est un caractère... Je suis à Bruxelles et j'attends les événements. Si la guerre recommence, ce qui n'est pas probable, je me rendrai par mer à Bordeaux, ne tenant pas à être bloqué dans Lille. Dans le cas contraire, je rentrerai à Paris, dès que les communications seront rétablies. Travaille vigoureusement pour réparer le temps perdu : il nous faut tous travailler pour la grande revanche. Soigne surtout l'allemand... » (Lettre à son frère George.)

∴

De retour à Paris, il reprit dans la rédaction du journal *la Liberté* la place qu'il avait quittée pour s'engager. L'effervescence était grande dans cette population toute vibrante encore du long siège qu'elle avait soutenu. Déjà, le parti dompté le 31 octobre commençait à relever la tête. Un Comité central, composé des pires ennemis de l'ordre public, mettait le gouvernement légal en échec et exploitait perfidement, au profit des idées démagogiques, les cruelles déceptions infligées depuis six mois au patriotisme des Parisiens. Albert entrevit dans l'ombre, où elle se dissimulait encore, la hideuse Commune qui se préparait, et, dès lors, il n'eût plus à cœur que de la démasquer et de la combattre. Il faut chercher, il faut lire dans la collection de la *Liberté*, cette série d'articles enflammés, débordant d'éloquence, d'indignation, de dédain, d'ironie, d'audacieuses invectives, — véritables catilinaires qu'il lance chaque jour contre la poignée de pitres et de gredins installés à l'Hôtel-de-Ville, — pages superbes, dont il serait malaisé de dire si elles font plus d'honneur au courage du bon citoyen, ou au talent de l'écrivain. Jamais il n'avait trouvé encore, et jamais il ne retrouvera par la suite, une matière qui convînt plus exactement au tour de son esprit et à la qualité de son style, ce style chaud et véhément, d'allure un peu oratoire, où bouillonnait la passion, comme dans l'âme toujours frémissante dont il était l'image. « Qu'attendons-nous pour agir? s'écrie-t-il dans un article du 24 mars. Qu'attendons-nous pour secouer le joug des assassins de la rue des Rosiers et des assassins de la rue de la Paix? Qu'on ait eu le temps d'organiser la Terreur à Paris, sans doute? Mais elle a commencé. Hier, on avertissait les journaux; ce matin, à l'*Officiel* du Comité, on les menace. Demain... qui sait ce qui se passera demain, si nous n'y mettons pas bon ordre! » Et comme il n'est point l'homme des paroles stériles, mais des actes, il propose, dès ce même jour, aux partisans du gouvernement légal d'adopter pour signe de ralliement un brassard bleu qui leur permettra de se compter, et de se reconnaître le jour où l'on en viendra aux mains.

Le Comité central veut procéder à des élections dans Paris. Albert l'attaque en ces termes : « Aujourd'hui, la lumière est faite; les hommes de l'Hôtel-de-Ville ont jeté le masque hypocrite dont ils s'étaient couverts. Par la nomination des généraux Brunel, Eudes et Duval, dont ils ont soin de faire précéder la convocation des électeurs, ils montrent que c'est à la force qu'ils entendent faire appel. Par la justification officielle des assassins de la rue de la Paix, ils acceptent la complicité des crimes contre les personnes. Par les menaces aux journaux, la mise en état de siège de Montmartre, et cette loi des suspects qu'ils n'ont pas encore proclamée mais qu'ils ont commencé d'appliquer, ils menacent la société tout entière.

« En présence de cette succession d'actes criminels, ce que nous demandons à tous les bons citoyens, c'est l'action collective. Plusieurs mairies sont encore entre les mains des bataillons de l'ordre. Que tout ce qui porte un fusil, que tout ce qui a le cœur français se joigne aux défenseurs de la société en péril! La Bourse et Saint-Germain l'Auxerrois sont devenus les centres de la résistance sur la rive droite : qu'on s'y porte en masse, demain, ce soir... N'allons pas chercher l'émeute chez elle : le moment n'est pas encore venu; gardons du moins ce que nous occupons encore, et sachons nous y maintenir... » (*Liberté* du 26 mars 1871.)

Craignant que les élections, auxquelles le Comité central va faire procéder dans Paris ne donnent à ce gouvernement de factieux un semblant de légalité, il adjure la population parisienne de ne pas voter (*Liberté* du 27 mars) : il invective cette bourgeoisie sans courage qui déjà commence à prendre son parti du joug détestable qu'on lui impose (*Liberté* du 1er avril). La Commune est enfin constituée et rend ses premiers décrets. Il en profite pour faire une charge à fond contre « ce pouvoir ténébreux, sans contrôle et sans publicité, né d'une conspiration, qui ne se soutient que par le mystère dont il s'entoure et la terreur qu'il répand ». (*Liberté* du 3 avril.

A l'heure même où les hommes du 18 Mars, triomphent, où Paris tout entier leur appartient, voici ce qu'il ose leur dire : « Jusqu'à présent, on ne savait pas bien ce qu'était la Commune. Était-ce une assemblée municipale ou une assemblée politique ? Était-ce un pouvoir local? Était-ce le gouvernement?... Aujourd'hui, nous sommes fixés : la Commune est tout. Pouvoir judiciaire, elle confisque les biens des citoyens et les met sous séquestre. Pouvoir législatif, elle décrète la suppression du budget des cultes, la séparation de l'Église et de l'État. Pouvoir exécutif, elle met en mouvement la force publique. Sans contrôle, sans publicité, sans débat contradictoire, elle juge, elle légifère, elle exécute. Elle est à la fois Convention, Comité de salut public et Tribunal révolutionnaire... En présence de cette nouvelle usurpation de pouvoir, devant cette lutte fratricide engagée depuis hier, la sentimentalité nous paraît hors de saison. Nous ne nous inquiétons pas de savoir qui a tiré le premier coup de canon, qui a attaqué, de Versailles ou de Paris. Nous nous demandons qui a créé cette situation, qui a rendu ce conflit inévitable, qui est responsable des flots de sang qui vont couler. Et nous répondons hardiment : c'est vous, hommes du 18 Mars, c'est vous qui avez allumé l'incendie! Et si la victoire vous demeurait, nous resterions encore avec le droit vaincu contre la force victorieuse, avec l'Assemblée dispersée, contre l'insurrection triomphante! » (*Liberté* du 4 avril.)

Deux jours après, les proscriptions commencent; M. l'abbé Deguerry ouvre la liste de ces otages dont l'infâme gouvernement va faire des martyrs, dignes d'une éternelle pitié. Il se trouve pourtant des gens, esprits faibles et timorés, qui parlent encore de conciliation possible, de ménagements à garder avec ces bandits! Albert s'indigne de cette lâcheté; il éclate de nouveau; il s'élève avec une véhémente ironie contre ceux qui n'ont pas encore osé faire leur choix entre l'Assemblée nationale et la Commune. « Le droit, leur dit-il en un fier langage, le droit ne se réconcilie pas avec la révolution; la souveraineté nationale ne saurait s'abaisser jusqu'à traiter avec l'émeute... Soyez avec la Commune, ou contre elle! Vous surtout, députés de Paris, qui avez à vous faire pardonner l'ambiguïté de votre conduite au 25 mars et votre silence prolongé depuis, c'est à vous que nous nous adressons : déclarez-vous !... qu'on vous voie et qu'on vous entende, qu'on sache enfin qui vous êtes !... » (*Liberté* du 6 avril.)

Vaillamment secondé par son rédacteur en chef, M. Léonce Détroyat, l'ancien turco était à peu près seul, alors, dans toute la presse parisienne, à soutenir encore la lutte avec cette vigueur contre les hommes de violence et de sang qui terrorisaient Paris : tel, à Wissembourg, il s'acharnait à brûler ses dernières cartouches, quand déjà toute l'armée battait en retraite. Le gouvernement insurrectionnel résolut d'en finir avec cette ardente et courageuse opposition qui ne se lassait pas de flétrir les crimes des uns, de dénoncer les défaillances des autres, d'appeler la population parisienne à la défense de la légalité. Afin d'échapper à une arrestation imminente, Albert se décida enfin à quitter Paris. Déguisé, grâce à la généreuse complicité du chef de la gare de Lyon, M. Regnoul, en employé de la compagnie Paris-Lyon-Méditerranée, il se rendit à Villeneuve-Saint-Georges auprès de son père. Le jour même, il partait à pied pour Versailles et s'y engageait dans les Volontaires de la Seine [1], trouvant

1. Avec son fidèle ami Delacroix, aujourd'hui percep-

chose toute naturelle, bien qu'il eût si largement déjà payé sa dette à la France, de combattre avec le fusil, puisqu'il ne le pouvait plus faire avec sa plume, les doctrines dont il eût regardé le triomphe comme le suprême opprobre et comme la subversion définitive de la patrie. On ne sait ce qu'il faut admirer le plus, de la simplicité avec laquelle il accomplit cet acte ou de la force et de l'élévation de caractère que révèle une pareille résolution. Combien sont-ils, les hommes qui ne se jugent point quittes envers leur conscience, tant qu'ils n'ont pas mis, s'il le faut, jusqu'à leur vie même, au service de ce qu'ils croient être l'honneur, la vérité, la justice ou le droit?

∴

Le bataillon des Volontaires de la Seine, — composé de trois compagnies qui perdirent chacune leur capitaine, MM. Arnaud de Vresse, tué dans la presqu'île de Gennevilliers, Durieu, tué à Montmartre, et de Pouligny, tué à Belleville, — avait été chargé de la défense du pont d'Asnières. Une dis-

teur des finances à Pont-d'Ain, qui lui avait donné asile, à Paris, lors du décret d'arrestation lancé par la Commune, et qui voulut prendre, comme lui, du service dans l'armée de Versailles.

tance de quelques centaines de mètres à peine séparait cette position importante des remparts de Paris. Heureusement, les fédérés dépensaient avec plus de prodigalité que d'adresse les immenses approvisionnements de munitions dont ils disposaient. Chaque jour, de onze heures à une heure à peu près, puis de six heures à huit heures du soir, leurs batteries se taisaient : les artilleurs de la Commune étaient à table. La trêve du cabaret finie, ils revenaient à leurs pièces, et, gorgés de vin et d'alcool, se mettaient à tirer avec une sorte de frénésie. Il arrivait parfois que quelqu'un de ces malheureux, par bravade d'ivrogne, se montrât à découvert sur le parapet, tantôt entonnant le refrain célèbre :

Vive la Commune qui soûle
Ses braves b...... de vin bleu !

tantôt criant de grossières injures aux Versaillais. L'un d'eux, un chef, vêtu d'un superbe costume tout chamarré d'or, s'en vint un jour caracoler jusqu'au milieu du pont. Il faisait de grands gestes, prenait des poses, hurlait on ne sait quoi... C'était sans doute quelque figurant des pièces militaires du Cirque ou de l'Ambigu. On ne voulait pas, d'abord, tirer sur cet énergumène : il fallut bien pourtant se décider à le tuer, car il ne partait pas et vociférait d'immondes invectives. On dut aller, dans la nuit du surlendemain, prendre et jeter à l'eau le cadavre de l'homme et du cheval, qui empestaient.

Plusieurs fois par jour, la locomotive blindée quittant le tunnel de la gare Saint-Lazare où elle s'abritait, s'avançait jusqu'au bord de la Seine, lâchait une bordée de son gros canon sur Asnières ou Courbevoie, puis faisait machine en arrière. Cela dura jusqu'à ce qu'un boulet du Mont-Valérien, ayant coupé la voie derrière elle, l'eût obligée à rester en détresse : les Volontaires bénirent ce coup heureux qui leur épargnait l'importunité quotidienne de ces bruyantes et redoutables visites. A plusieurs reprises les fédérés tentèrent de passer la Seine dans des barques et de surprendre, à la faveur de la nuit, les grand'gardes versaillaises échelonnées le long du fleuve. On les laissait approcher : quand ils n'étaient plus qu'à quelques mètres de la berge, on tirait... Les coups de feu rayaient brusquement de longues traînées rougeâtres la surface polie du fleuve : on entrevoyait, à cette lueur sinistre, des corps qui chancelaient, d'autres, renversés, qui se cramponnaient au bordage des barques : quelques cris étouffés d'agonie, l'horrible clapotement sourd que l'eau fait autour des noyés qui se débattent : et puis, plus rien que la nuit, et le bruissement monotone du courant dans les roseaux... Albert n'aimait pas à conter ces tristes épisodes de la guerre civile, et l'on sentait, à l'entendre, que si le malheur des temps l'avait obligé de prendre part à cette exécrable lutte, son cœur de Français en gardait un souvenir plein d'horreur. Ce n'était pas ainsi, avec cet air morne, qu'il parlait de l'autre guerre, et de la belle tuerie qu'il y avait faite !

⁂

Le 23 octobre 1872, Albert donna satisfaction au vœu de son cœur, en épousant la veuve du vaillant colonel de Beaune, mortellement blessé à la tête du 9e régiment de cuirassiers, lors de la charge fameuse de Reichshoffen.

A cette époque, il n'avait encore avec l'Empire que d'assez faibles attaches : le poste de secrétaire général, en 1867, dans le Lot ; les fonctions de secrétaire particulier remplies l'année suivante au ministère de l'instruction publique ; enfin, quelques articles publiés avant le 4 Septembre dans le *Peuple français*.

Fils du ministre réformateur et libéral qui avait été, pendant les sept années de son administration, le serviteur passionné de la France plus encore que du régime impérial, il pouvait sans forfaire se rallier, comme tant d'autres, à la République : d'autant mieux que la République ouverte et tolérante de ce temps-là n'était pas assez sûre du lendemain pour se montrer jalouse du passé, et, plus soucieuse du mérite de ses fonctionnaires que de leur provenance, ne demandait à son personnel le sacrifice d'aucun regret, ni même d'aucune espérance. Mais, moins il semblait engagé avec le précédent gouvernement, et plus Albert se persuada que son devoir était de lui rester fidèle. Ici, l'on retrouve ce même instinct de générosité qui, dès l'enfance, dans les rixes de collégiens, le poussait irrésistiblement à prendre parti pour le faible contre le fort, dût cette témérité le faire, comme il arriva plus d'une fois, rouer de coups. Tandis que tant de gens, soit inertie, soit calcul, s'abandonnent au courant et vont où va la foule, il aimait à fendre et à remonter le flot. Il avait la passion des causes vaincues[1]. Le moment où il vit l'Empire non seulement renversé, mais trahi, persé-

1. « C'est toujours un noble spectacle que celui d'une minorité réduite aux abois, condamnée d'avance, et qui, néanmoins lutte pied à pied, tirant ses dernières cartouches pour la justice et pour le droit. Il y a là pour les âmes un peu bien situées des satisfactions qui échappent au vulgaire et qui sont déjà, par elles-mêmes, une revanche. La foule peut se donner d'autres jouissances et les partager avec ses serviteurs, elle

cuté, honni, traîné dans la boue, fut précisément celui qu'il choisit pour se déclarer hautement impérialiste. N'ayant personnellement rien reçu de l'Empire, il tint néanmoins à honneur de prouver qu'il prenait sa part de la dette contractée par son père envers Napoléon III : sentiment bien fait pour tenter une âme qui ne voulut rester étrangère à aucun raffinement de délicatesse.

* * *

Rédacteur de la *Liberté*, il prit à tâche, après la guerre et la Commune, d'engager insensiblement dans le parti de l'appel au peuple cette feuille conservatrice, mais de nuance indécise, habituée depuis longtemps à louvoyer sous pavillon neutre entre les opinions extrêmes. L'entreprise était difficile et le rôle ingrat : il y fallait beaucoup de patience, de modération, de prudence, — vertus qui n'ont jamais été parmi celles qu'Albert aimait le plus à pratiquer. Suspect au conseil d'administration du journal, comme manquant de l'esprit de mesure qui plaisait à la clientèle bourgeoise de la *Liberté*, il

ne connaîtra jamais cette volupté de sentir qu'on est un contre dix et qu'on ne se rend pas, qu'on a contre soi la force imbécile et brutale, et qu'elle vous écrase, mais sans vous dompter.... » Albert Duruy, *l'Instruction publique et la Démocratie*, p. 332.

dut s'imposer pendant quatre ans la plus pénible des contraintes, celle de mettre une sourdine à l'expression de ses sympathies politiques, alors que, l'instinct de sa nature le portait à les proclamer avec d'autant plus de franchise, qu'on risquait, par une profession de foi ouvertement bonapartiste, d'attirer sur soi plus de colères. Que de fois nous le vîmes à cette époque, ronger son frein, comme un cheval de race contraint d'aller au pas, quand il voudrait s'élancer et bondir! Il restait néanmoins à son poste, dans l'intérêt supérieur de la cause dont il s'était fait le serviteur : mais il frémissait de ne pouvoir combattre pour elle à visage tout à fait découvert, d'être obligé d'imposer à sa polémique une allure circonspecte, qui convenait si peu à la double ardeur de son tempérament et de ses convictions. Ce dévouement, d'ailleurs, ne restait pas stérile. Chaque jour, il trouvait quelque biais ingénieux pour défendre l'Empire contre les accusations de ses adversaires; au tableau des malheurs et des ruines dont on prétendait rendre Napoléon III responsable, il opposait discrètement le souvenir des années heureuses, de la gloire, aussi, qu'on lui devait. Tout cela, avec tant d'adresse, que les susceptibilités du conseil et des abonnés n'avaient pas lieu de s'éveiller, et que l'incolore *Liberté* prenait tout doucement teinte bonapartiste, sans que sa clientèle s'en aperçût presque et s'en plaignît.

⁂

En 1875, il n'y put tenir davantage, et lança une brochure dont le titre : *Comment les Empires reviennent* [1], indique assez les tendances et l'esprit Dans les quatre chapitres dont elle se compose : — 1° De la supériorité de notre principe; 2° Des fautes et de l'impuissance de nos adversaires; 3° De la réaction produite par les calomnies contre l'Empire; 4° Du groupe de l'appel au peuple, — il aurait pu se contenter d'exposer sa foi politique, ses raisons de croire à une restauration de l'Empire et de la souhaiter. Entraîné par son humeur batailleuse, il ne s'en tint pas là, et dirigea de vives attaques contre ceux des adversaires du gouvernement impérial qui s'étaient le plus particulièrement signalés par leur hostilité ou leur mauvaise foi. La brochure y gagna plus d'une page vigoureuse et brillante : en ne s'interdisant pas avec assez de rigueur ces invectives passionnées contre les personnes, elle perdit, il faut bien le reconnaître, un peu d'autorité. Mais qui oserait reprocher à l'écrivain d'avoir pris

1. Chez Lachaud et Cie.

à partie avec trop d'âpreté les hommes qui depuis cinq ans ne cessaient de déverser l'outrage et la calomnie sur l'objet de son culte ?

L'année suivante, Albert Duruy quitta la *Liberté* pour prendre la rédaction en chef de la *Nation*, organe bonapartiste qui venait d'être fondé (26 octobre 1876) avec les capitaux généreusement offerts par M. Marius Martin, représentant d'un groupe d'impérialistes dévoués. C'est avec une joie profonde qu'il se sentit enfin délivré de toute entrave. Son premier soin fut d'assurer au journal la collaboration d'écrivains d'une valeur éprouvée. MM. Raoul Duval, Jules Delafosse, Augustin Filon, Octave Noël, lui accordèrent un concours dont il serait superflu de dire que le prix en était inestimable. Unis par la communauté des convictions, par le dévouement absolu à une même cause, par une mutuelle estime, par une amitié qui excluait de leurs rapports toute compétition d'amour-propre et toute rivalité d'ambition, ces hommes de talent ne pouvaient manquer d'être séduits par le programme qu'Albert leur proposa. Dans la pensée de son rédacteur en chef, la *Nation* devait être une sorte de *Journal des Débats* impérialiste, discutant avec courtoisie les questions d'ordre politique, faisant revivre au profit du parti conservateur et de l'Empire les traditions de bonne compagnie, le souci de la forme, le sérieux et la dignité du ton, qui avaient été l'honneur de la presse pendant la première moitié du siècle. Œuvre de réaction contre l'esprit qui entraîne de plus en plus le journalisme vers les simples « échos », le « reportage », les « informations » et les polémiques brutales, la *Nation* devait obtenir et obtint en effet plus de succès auprès de l'élite que de la masse des lecteurs. On lui reprocha, même dans le parti, d'être trop « littéraire » : on sait de quel dédain les fortes têtes de la politique honorent la littérature, — qui d'ailleurs ne demeure pas en reste avec eux. Au bout de quelques mois, le vaillant journal, faute d'une clientèle suffisante qui lui permît de continuer à vivre de sa vie propre, dut se résigner à une fusion avec l'*Ordre*, journal officiel du parti de l'Appel au peuple, et il ne resta de cette tentative, pour le public, que le souvenir de beaucoup de talent inutilement dépensé, pour Albert — qui avait mis au service de cette œuvre le meilleur de son intelligence et de son cœur, — qu'une grande lassitude, mêlée d'un peu de désenchantement.

*
* *

Il n'en demeura pas moins ferme dans sa foi politique. Depuis la mort de Napoléon III, le parti de l'Empire avait pour chef un jeune prince qui possédait au suprême degré le don de gagner les cœurs. Nul, plus qu'Albert Duruy, ne subit le charme qu'exerçait, sur quiconque avait eu l'honneur de l'approcher, cet infortuné Prince Impérial. Oublieuse des acclamations enthousiastes dont elle avait salué sa naissance, la France, si l'on excepte quelques fidèles, ne se souvient plus qu'à peine, aujourd'hui, de l'héroïque jeune homme dont le pâle et profond regard était comme voilé d'une ombre de mort, et qui, pour se montrer plus digne du grand nom qu'il portait, avait voulu se faire une âme aussi tendre, aussi fière, aussi noble, aussi intrépide que celles des preux d'autrefois, ses modèles. C'est un devoir pour ceux qui l'ayant aimé gardent pieusement sa mémoire, d'évoquer, quand ils le peuvent, cette mélancolique figure, touchante comme celle du duc de Reichstadt, et tragique, aussi, comme celles des victimes innocentes de la Fatalité antique. Ce que cette patrie ingrate ne sait pas, c'est à quel point la chérissait celui qui est mort si loin d'elle, mort avec le désespoir de ne pouvoir lui donner tout le généreux sang qu'il a versé pour d'autres. Pauvre petit héros, qui t'en es allé offrir ton cœur de lion aux zagaies des sauvages, non, ce n'est point là-bas, ce n'est pas près de

Sainte-Hélène et sous un uniforme anglais que tu devais tomber, dans un obscur et inutile combat! C'est sur le Rhin, en un jour de triomphe, sous nos couleurs à nous; c'est vainqueur et enseveli dans la victoire, comme Gaston de Foix à Ravenne : car tu l'avais fait, ce rêve, de voir les ombres consolées de ton grand-oncle et de ton père se pencher sur toi pour recueillir ton dernier soupir, en te bénissant d'avoir effacé par quelque nouvel Iéna les noms maudits de Waterloo et de Sedan!... Albert pardonnera à celui qui raconte sa vie de s'arrêter ici, ému d'un souvenir autre que le sien, et de s'incliner devant cette tombe, qu'il a lui-même arrosée de ses larmes :

> Manibus date lilia plenis,
> Purpureos spargam flores!...

*
* *

Esprit curieux et d'une très large ouverture, le Prince aimait à s'entourer des hommes les plus distingués de son parti et à soumettre ses propres idées au contrôle de leur expérience. Il avait choisi, d'après leur compétence spéciale, des conseillers qu'il ne se lassait pas d'interroger sur les parties du gouvernement auxquelles chacun d'eux était le plus apte à l'initier. Non content de leur communiquer de vive voix ou par lettres des observations qui attestaient à la fois et son désir d'apprendre et la vigueur de son intelligence, il prenait plaisir à les réunir et à provoquer entre eux des discussions en règle sur tel ou tel point de doctrine. On le voyait alors, tantôt suivre la controverse avec la plus sérieuse attention, tantôt s'y jeter avec une vivacité charmante, et la ranimer par quelque saillie d'un tour inattendu et paradoxal. Les notes qu'il a laissées montrent le degré de maturité où ce jeune esprit était déjà parvenu, et le souci qu'il avait de ne rester étranger à rien de ce qui concerne le métier d'un futur chef d'État.

En dépit d'une prédilection marquée pour tout ce qui avait trait aux institutions militaires du pays, il ne se désintéressait point des problèmes d'ordre purement politique ou social. L'importance des questions d'enseignement ne lui échappait pas, et c'est avec Albert Duruy qu'il s'en entretenait le plus volontiers. Une mutuelle sympathie, nuancée ici de bienveillance, là, de tendre respect, ne tarda pas à unir ces deux natures, éprises du même idéal chevaleresque. Le noble jeune homme qui ne cherchait à se consoler de l'exil qu'en vivant, austère et stoïque, dans son rêve de gloire, devint pour Albert l'objet d'un culte passionné. Il se mit à l'aimer, non seulement parce que le fils de Napoléon III était le plus aimable, en même temps que le plus malheureux des princes, — mais aussi parce qu'il trouvait dans la grandeur d'âme de cet adolescent quelque chose comme l'annonce d'un illustre destin, qui devait profiter à la France. Qu'on juge de son émoi quand il apprit que le Prince allait partir pour le Zoulouland! Albert n'eut garde de blâmer le généreux instinct qui poussait l'héritier des deux Napoléon à saisir la première occasion de faire œuvre de soldat. Mais une inquiétude vague, divination trop sûre, hélas, de sa tendresse, se mêlait à la fierté que lui inspira cette aventureuse résolution.

Eh quoi, cette vie si chère, gage peut-être de la rédemption de nos provinces perdues, allait être exposée aux hasards de la mer, à l'inclémence d'un climat meurtrier, aux multiples périls d'une campagne en ce lointain pays!... Il écrivit aussitôt à Chislehurst, il supplia l'Impératrice de lui permettre d'accompagner son fils : il veillerait sur lui, le suivrait partout... Le gouvernement de la reine refusa l'autorisation demandée. Quel danger pouvait courir le Prince Impérial, lorsque tant de loyales et vaillantes poitrines anglaises devaient l'entourer et, le cas échéant, lui faire un rempart? Supposer que leur hôte, que le fils de leur allié, que l'ami de leur petite princesse Béatrix eût besoin de gardes du corps venus exprès de France, quel affront pour la vieille Angleterre! L'offre d'Albert fut donc déclinée ; et quelques semaines après, ces mêmes Anglais qui ne voulaient pas de nous pour assurer la sauvegarde de cette précieuse existence dont ils étaient comptables, tournaient bride à la première apparition des Zoulous embusqués, et laissaient massacrer, comme un cerf forcé par les chiens, le petit neveu de Napoléon. Oh! s'il avait été là, l'ancien soldat de Wissembourg, s'il avait été là, comme il l'eût défendu: — et s'il n'avait pu le sauver, comme il l'eût vengé, du moins, avant de tomber à ses côtés, en lui disant adieu dans la douce langue de France, dont pas une parole amie n'a consolé la pauvre âme, prête à partir du corps mutilé de notre Prince!... A la nouvelle de l'irréparable catastrophe, nous l'avons vu, cet homme qui s'était fait une loi de garder sous le coup des plus violentes émotions une apparence impassible, nous l'avons vu pleurer, sangloter, crier de rage, autant que de désespoir. Il voulait partir aussitôt à la recherche du lâche officier qui avait donné le signal de la fuite au détachement qu'accompagnait le Prince, le provoquer et le tuer : on eut peine à le retenir. Un mois plus tard il se rendait au funèbre pèlerinage de Chislehurst, il suivait le cercueil traîné sur un affût de canon et enveloppé d'un drapeau tricolore, qui renfermait les restes de son Prince bien-aimé; là, devant cette tombe où tant et de si belles espérances gisaient englouties, Albert sentit la première atteinte du mal moral dont il devait désormais souffrir : une incurable tristesse dont la cause était qu'il avait perdu ce qui faisait pour lui le principal intérêt de la vie.

Pendant quelque temps encore, il continua de défendre dans l'*Ordre* la doctrine impérialiste : mais il eût été difficile de retrouver dans ses articles d'alors ce souffle brûlant d'enthousiasme qu'on sentait passer dans ceux qu'il écrivait autrefois. Son visage, sa voix, ses propos avaient pris je ne sais quoi d'amer et de désenchanté. De fait, la vie s'était montrée pour lui peu clémente. Une première fois déjà, il avait été atteint, en pleine force, par la chute de l'Empire. La brillante carrière qui s'ouvrait devant lui s'était fermée brusquement. Depuis lors, il avait travaillé, avec quel dévouement, quelle ardeur et quelle persévérance ! au triomphe de la cause impériale : quand le moment de recueillir le fruit de son labeur semblait proche, le Prince avait disparu. Ce cruel événement frappait Albert non seulement dans une des plus profondes affections qu'il ait jamais ressenties, mais aussi dans l'espérance qu'il pouvait légitimement concevoir de trouver quelque jour à jouer, sous le troisième empire restauré, un rôle qui fût enfin égal à sa valeur. Pas plus après la mort du Prince qu'après l'établissement de la République ou la mort de l'Empereur, il ne voulut faire défection à ses souvenirs : car il avait une de ces fidélités tenaces que rien ne peut arracher du cœur où elles ont planté leurs racines. Mais, ayant cessé peu à peu de collaborer à la rédaction politique de son journal, s'obstinant d'ailleurs à ne rien demander au gouvernement, il souffrait, — comme un aigle en cage, que ronge la nostalgie des libres espaces fendus à grands coups d'ailes, — et déplorait en secret la misère de sa destinée, qui condamnait à demeurer stériles les puissantes facultés d'action dont il se sentait pourvu.

***

A cette époque (1870), la liberté de l'enseignement commençait à être menacée. Albert se constitua son défenseur, et publia dans la *Revue des Deux Mondes*, qui avait déjà donné l'hospitalité en 1870, à son *Étude sur la liberté de l'Enseignement supérieur en France*, et en 1871 à ses *Souvenirs de campagne et de captivité* [1], trois articles [2] dont le retentissement fut grand. Dans le premier, il faisait à grands traits l'historique de la question de la liberté d'enseignement, en s'efforçant de démontrer que les projets de M. Jules Ferry avaient contre eux, sans compter la justice, le droit public, le droit public actuel, non pas celui de la Restauration et de l'ancien régime [3], dont le ministre républicain osait se prévaloir pour justifier les mesures tyranniques qu'il allait prendre contre les congrégations. Les deux autres étaient consacrés à une critique extrêmement acerbe de ces mêmes projets, notamment du fameux article 7. La politique concordataire, la réforme de l'enseignement secondaire, celle de l'enseignement supérieur, lui fournirent encore la matière de vigoureuses études, au cours desquelles il prit en main, avec sa véhémence ordinaire, la cause de « nos belles études classiques mutilées, soumises à de désastreuses expériences, au nom d'une pédagogie d'importation

1. *Revue des Deux Mondes* du 1er février 1870 et du 1er juin 1871.

2. *Revue des Deux Mondes*, nos du 15 mai et du 1er juin 1879, du 1er janvier 1880.

3. Albert Duruy, *l'Instruction publique et la Démocratie*, page 34.

étrangère et souverainement antipathique à l'esprit français. »

Publiés d'abord dans la *Revue des Deux Mondes*[1], ces divers articles, avec une conclusion destinée à en résumer l'esprit[2], furent réunis par lui en un volume intitulé *l'Instruction publique et la Démocratie, 1879-1886*[3]. Certains se sont étonnés, en lisant ce livre, de l'ardeur qu'Albert mit à combattre les réformes imposées à l'Université; d'autres n'ont pas été moins surpris de le voir s'y constituer l'avocat des congrégations. « Lorsqu'il y a quelques mois, j'entrepris de combattre les projets de M. Ferry, je ne me dissimulai point que je m'exposais à voir mes intentions méconnues et ma pensée travestie... En **1871**, je me suis entendu traiter de *capitulard*, au retour d'une longue et pénible captivité, par des hommes qui n'avaient jamais vu le feu de l'ennemi; aujourd'hui c'est de *cléricalisme* qu'on m'accuse. Je ne veux pas répondre à cette ineptie par une profession de foi : mon nom, j'imagine, m'en dispense. Il ne me déplaît pas, d'ailleurs, de partager le sort de MM. Jules Simon, Laboulaye, Vacherot et Littré. J'aime mieux être impopulaire en compagnie de ces

1. Nos du 15 juin 1882, du 15 févr. 1884, du 15 mars 1885.
2. *Revue des Deux Mondes*, 1er mai 1886.
3. Librairie Hachette, 1886.

républicains-là, que complice d'une politique où l'étourderie le dispute à la violence. L'impopularité passe, la vérité demeure. Je l'ai cherchée; j'ai cru la trouver; je l'ai dite : le reste m'importe peu [1]. » Ce que l'écrivain ne disait pas et qu'il convient d'ajouter à ces fières paroles, c'est qu'en prenant dans ces débats l'attitude qu'on vient de signaler, Albert obéissait moins à ses ressentiments de « conservateur » contre le gouvernement républicain, qu'aux sollicitations du plus pur patriotisme. S'il se fit le champion des belles-lettres et de l'ancien enseignement classique, c'est qu'il le jugeait plus propre qu'aucun autre, plus propre surtout que le nouveau, à élever haut les cœurs : ce qui lui semblait être le but même de toute pédagogie et la condition essentielle de la régénération du pays.

S'il prit la défense des congrégations, c'est que, de certaines minutes où il avait vu de près la mort, l'ancien normalien conservait l'impression qu'il y a dans l'idée religieuse quelque chose de réconfortant, propre à faciliter singulièrement l'acte malaisé de bien mourir, et qu'il s'était juré de respecter désormais les convictions qui ont la vertu de don-

1. Avant-propos de *l'Article Sept et la Liberté d'enseignement devant le Sénat.*

ner aux âmes une si forte trempe d'abnégation. Sans être tout à fait un croyant, il aspirait secrètement à le devenir un jour; surtout, il ne pouvait plus supporter la sèche et dissolvante ironie voltairienne, qu'il regardait comme un des agents, le plus actif peut-être, de cet abaissement moral de la France, dont la défaite n'avait été que le signe extérieur et pour ainsi dire la constatation. De là, des pages comme celle-ci, qu'on se reprocherait de ne pas citer, car elles éclairent d'une vive lumière le travail qui s'était opéré dans son esprit.

« Comme si nous n'avions pas assez des luttes inévitables et nécessaires! *Ah! ils sont bien coupables, ceux qui, au lieu de ne songer qu'à la guerre sainte, nous ont jetés dans l'inextricable complication d'une guerre religieuse!* Ils ont bien mal tenu leur office et compris leur rôle! Pour cette éventualité suprême où se jouera quelque jour, non plus seulement le sort d'une dynastie, mais l'existence même de ce pays, *ce n'eût pas été trop de toutes les forces vives de notre jeunesse, préparée de longue main par une éducation vraiment patriotique aux derniers sacrifices;* et ce n'était pas trop de la nation entière, tendant toutes ses facultés et gardant ses trésors pour le grand jour.

» A l'une, née dans les angoisses de l'année terrible, nourrie du lait amer de la défaite, au bruit du canon de l'invasion et de la guerre civile, il fallait le puissant réactif et les graves leçons de cette morale chrétienne, *qui enseigne aux peuples éprouvés la résignation et l'humilité, sans leur ôter l'espérance.* Il fallait lui montrer avec tous les grands penseurs de ce siècle, le devoir comme but suprême de la vie, et Dieu comme la source éternelle et nécessaire de tout devoir...

» A l'autre, il fallait avoir le courage de dire: tu possèdes les dons les plus précieux, mais tu as aussi de graves défauts; tu as de l'esprit, mais tu n'as pas l'esprit de suite; tu as bon cœur, mais mauvaise tête; tu es brave, mais tu n'es pas résistante; tu t'exaltes facilement, mais tu te refroidis de même; tu aimes le succès, mais tu ne supportes pas l'infortune et tu n'en sais pas accepter les responsabilités; tu as la prétention d'être la plus spirituelle des nations et tu n'en es souvent que la plus légère; tu as pour toi le sol, la nature, la géographie, la population la plus homogène et le territoire le mieux borné de l'Europe, et tu as longtemps été, grâce à tous ces avantages, le premier peuple du monde. *Veux-tu le redevenir? Alors, trêve à nos dissensions, à nos querelles. Unissons-nous, serrons nos rangs, et face à l'Est*[1] *!* »

1. Albert Duruy, *l'Instruction Publique et la Démocratie*, page 355.

L'expression du même sentiment se retrouve dans la courte et éloquente introduction qu'il a mise à ce livre. « Il ne faudrait pas chercher dans ces pages, écrites en plein combat, plus de calme et de sérénité qu'on ne s'est flatté d'y en mettre. J'admire ceux qui ont pu garder leur sang-froid dans un conflit où sont engagés tant et de si hauts intérêts. Je ne partage pas leur quiétude et je n'ai pas leur philosophie.

» Le droit violé, la justice et la liberté de conscience outragées, l'athéisme officiel installé dans nos écoles à la place de la vieille morale spiritualiste, Dieu lui-même expulsé,... le clair et vif esprit français altéré par de mauvais alliages, le triomphe de l'érudition prétentieuse et le règne des pédants ; *enfin, et par-dessus tout, le déchaînement réfléchi de la guerre religieuse sur ce pays livré d'ailleurs à de si funestes divisions :* de tels griefs ont pu laisser froids la masse des indifférents et des satisfaits ; il n'est pas une âme un peu sensible au côté moral des choses qui n'en ait ressenti l'inoubliable outrage. Je suis du nombre et je m'en honore. Quand la conscience parle, il ne faut écouter qu'elle et la suivre. Tant pis si le chemin par où elle vous mène n'est pas toujours sans épines et sans douleur [1]. »

1. Albert Duruy, *l'Instruction publique et la Démocratie*, page 6.

Peut-être, après avoir lu ces extraits, ne trouvera-t-on pas excessif dans la louange, le jugement porté sur *l'Instruction publique et la Démocratie* par un homme politique dont la plume a toutes les séductions et toute l'autorité que possède aussi sa parole, M. Jules Delafosse. « Ce livre, a-t-il dit, n'est pas seulement la protestation la plus éloquente et la plus serrée qui se soit produite encore contre la ruine de notre enseignement public; il est, par lui-même, un éclatant témoignage de ce qu'il valait et de ce que la France va perdre avec lui [1]. »

*
* *

Dans les divers articles dont la réunion a formé *l'Instruction publique et la Démocratie*, livre de combat, Albert Duruy faisait encore œuvre de polémiste. Mais déjà, il était attiré vers des travaux d'un autre ordre, qui devaient remplir les dernières années de sa vie. Avant même la mort du Prince Impérial, il s'était pris d'un goût très vif pour l'histoire de la Révolution. Cette époque tourmentée, dont toutes les passions trouvent en nous des échos et à laquelle il semble que l'histoire ne puisse en-

1. Article publié dans le journal *le Matin*, le 21 décembre 1886.

core toucher sans être condamnée à perdre un peu de sa sérénité, était bien celle qui convenait entre toutes au fougueux écrivain. Il allait y rencontrer non seulement un drame unique par la grandeur presque surhumaine des événements, mais des acteurs qui, par la trempe de leur caractère, l'ardeur de leurs convictions, leur mépris de la mort, semblaient avoir comme un air de parenté avec lui-même ; des condamnés à réhabiliter, des opprimés à défendre, des triomphateurs à jeter en bas de leur piédestal ; une cause à plaider, celle de cette ancienne France méconnue, calomniée, brutalement reniée par la nouvelle : en un mot, tout ce qui pouvait séduire l'âme d'un homme dont le vœu eût été de vivre en un temps héroïque comme celui-là.

Il y a deux parts très distinctes dans ses travaux sur la Révolution. Il commença par s'occuper de ce qu'elle avait fait en matière d'enseignement. Le résultat de ces premières recherches a été consigné dans un livre publié en 1882, *l'Instruction publique et la Révolution*[1]. Très favorablement accueilli par la critique et couronné par l'Académie, ce livre obtint de M. Camille Doucet, dans le rapport annuel sur les

1. Chez Hachette, 1 vol. in-8, de 500 pages.

prix de 1882, une mention qui dispensera d'en faire plus amplement l'analyse ou l'éloge.

« En publiant son ouvrage sur l'instruction publique pendant la Révolution, M. Albert Duruy a rendu un véritable service à la science de la pédagogie. C'est un livre très savant, très instructif, rempli d'idées justes et écrit dans une très bonne langue, sobre et virile.

» Cette phrase n'est pas de moi, messieurs; prononcée devant l'Académie par un de nos plus illustres confrères, elle obtint l'assentiment de tous et entraîna tous les suffrages, qui ne demandaient qu'à se laisser faire. Heureux de la reproduire aujourd'hui devant vous, je me défends ainsi moi-même contre le soupçon d'une partialité légitime que j'éprouverais volontiers pour un jeune et vaillant écrivain qui porte fièrement, sans défaillir, un nom cher à l'Université, doublement cher à l'Institut.

» Plus impartial que moi, M. Albert Duruy, avec autant de patience que d'exactitude, a trouvé dans nos archives nationales, un grand nombre de documents inédits, de natures très diverses, et, dans son livre, il les expose avec la loyauté d'un historien sincère, qui ne voulant flatter aucun parti, et protestant d'avance contre tout reproche d'hostilité systématique, ne recherche et ne dit que la vérité.....

» Ce livre n'est pas seulement une œuvre d'érudition et de pédagogie ; sa valeur littéraire égale sa valeur historique. A tout propos, et dès son premier chapitre intitulé « Avant 1789 » ; plus loin, dans celui qu'il consacre aux « Écoles primaires sous le Directoire », et enfin dans un tableau saisissant des « Fêtes nationales sous tous les régimes de la Révolution », sans qu'il perde jamais son sujet de vue, le jeune auteur s'arrête à chaque pas pour jeter avec nous, en passant, un regard curieux sur tout ce qui touche aux lettres et aux arts, à l'histoire et à la philosophie, aux caprices même du goût et de la mode, à tous les jeux d'alors, parfois sanglants.

» Agréable autant qu'instructif, et non moins remarquable par la hauteur des vues que par l'équité des jugements, ce livre est l'œuvre honnête et distinguée d'un érudit, d'un penseur et d'un écrivain. »

*
* *

Après avoir traité de l'œuvre pédagogique de la Révolution avec une compétence à laquelle ont rendu hommage ceux même qui n'approuvaient pas toutes les tendances du livre [1], Albert devait être

1. Voir *Revue historique* de mars-avril 1882, p. 403, le jugement de M. Gabriel Monod sur cet ouvrage. Après avoir formulé un certain nombre de critiques,

et fut en effet tenté de passer à un autre ordre de questions. Il conçut l'idée d'un travail sur les armées de la Révolution, se proposant non pas d'écrire l'histoire de leurs campagnes, mais d'étudier leur fonctionnement intime : recrutement, équipement, subsistances, vivres, ambulances et discipline, réquisitions, commandement, corps spéciaux, rôle des commissaires de la Convention, législation militaire, etc. Pendant huit années, de 1879 à 1887, il se livra, soit dans les Archives nationales, soit dans celles du ministère de la guerre, à un immense travail de documentation. Car, bien qu'il appartînt par tous les instincts de sa nature à l'ancienne école historique, celle qui faisait une large part au style, à la composition, à l'art, il appréciait selon leur mérite, qui est grand, la rigueur, la précision et la sûreté des méthodes toutes scientifiques dont l'emploi s'impose à quiconque prétend faire œuvre d'historien. Il rassembla ainsi, avec une infatigable persévérance, des monceaux de notes qui forment aujourd'hui de volumineux dossiers. Hélas ! les matériaux sont prêts, mais où est l'architecte ? Et quelle pensée, si pieuse-

le savant historien déclare que ce livre est « une œuvre considérable, neuve sur beaucoup de points et reposant sur de longues recherches dans les documents originaux que contiennent nos archives... »

ment fidèle qu'on la veuille supposer, si religieusement dévouée qu'elle soit à cette chère mémoire, quelle pensée peut suppléer celle qui devait trier, classer, coordonner toutes ces indications de sources, toutes ces citations, tous ces extraits, tous ces brefs aperçus de quelques lignes, tous ces textes divers, les disposer dans leur ordre, faire jaillir d'eux tout ce qu'ils contiennent de lumière, de vérité, de vie?

Pendent opera interrupta... et c'est une pitié profonde de penser que tout ce grand labeur, qu'un peu de gloire devait payer, aura été inutilement fourni, et restera stérile à jamais.

Heureusement, Albert tout en ne perdant point de vue son sujet principal, s'était donné à lui-même la satisfaction de composer quelques morceaux de détail, qui sans doute devaient plus tard rentrer en partie dans l'ordonnance générale de son grand ouvrage. Tels sont les articles publiés par la *Revue des Deux Mondes* sur Dubois-Crancé, sur le brigadier Muscar, cet ami et cet émule des généraux Sigisbert Hugo et Alexandre Dumas, sur le tragique épisode de Quiberon, sur la conspiration du général Mallet : tel, l'excellent petit livre, si plein d'aperçus nouveaux, où il a raconté la vie de Hoche; telle, surtout, la substantielle étude consacrée à l'armée royale en 1789, qui devait servir d'introduction à son livre sur les armées de la Révolution. S'il est vrai que le talent d'un artiste se manifeste quelquefois avec éclat jusque dans des ébauches, on jugera, sans doute, que ces fragments permettent de concevoir une idée singulièrement favorable de l'œuvre, hélas! inachevée, qui s'annonçait sous les auspices de ces brillants et vigoureux essais.

*
* *

Parmi tant de réflexions qu'en suggère la lecture, il en est une qui s'impose ici. Dans quel esprit l'ancien rédacteur de la *Nation* et de l'*Ordre*, le serviteur dévoué et l'ami du Prince Impérial a-t-il conçu ses travaux sur la Révolution? A-t-il fait œuvre d'historien, ou d'homme de parti? Car, et c'est là une des misères de notre temps, l'odieuse, la funeste politique, le besoin de poursuivre et de haïr le présent jusque dans le passé, nous a tous envahis à ce point, qu'il est à peu près impossible de trouver un écrivain dont les jugements sur l'ancien Régime, sur la Révolution ou le premier Empire, soient absolument purs de prévention, dans un sens ou dans l'autre.

Albert Duruy fut avant tout un patriote. Voici le billet qu'il écrivit, en 1883, lors de la mort du comte de Chambord, au plus éloquent défenseur de la cause royaliste :

« Monsieur,

» Je tiens à vous envoyer, dans la cruelle épreuve que vous traversez, l'expression de ma bien vive et cordiale sympathie. La mort de monseigneur le comte de Chambord n'a pas frappé que ses amis et son parti. J'estime qu'il n'y a pas un bon Français qui ait pu rester insensible à cette grande disparition. Parmi les amertumes et les petitesses du temps présent, celui que vous pleurez semblait comme un dernier rayon des splendeurs d'autrefois. C'est plus qu'un prince et un noble caractère, c'est quelque chose de sa propre histoire, de son patrimoine d'honneur, que perd en lui la France. Tant pis pour ceux qui ne le sentent pas... »

M. de Mun lui répondit :

« Monsieur,

» Je ne saurais vous dire combien j'ai été touché et reconnaissant de votre lettre. Elle m'a apporté un témoignage nouveau et particulièrement précieux des sentiments si nobles et si élevés dont vos écrits portent la trace profonde ; je ne suis pas surpris qu'aimant comme vous le faites les gloires et les grandeurs de cette patrie française sur le passé de laquelle vous avez jeté de si grandes lumières, vous avez ressenti quelque émotion en voyant disparaître de la scène du monde celui qui en personnifiait les vieilles traditions avec tant d'honneur et de dignité. La France, du moins, reste debout, et nous nous retrouverons à son service, j'en ai la ferme confiance, non seulement unis par une commune pensée de patriotisme, mais rapprochés par le souvenir d'une sympathie dont je garde l'inaltérable gratitude... »

De ces propos si nobles et, pourquoi ne pas le dire? si touchants, qu'échangent sur la tombe du fils de nos rois deux hommes dont l'idéal politique diffère profondément, mais qui sont également prêts, l'un et l'autre l'a prouvé, à mourir pour le pays, il importe de retenir surtout les mots qui terminent la lettre d'Albert, si l'on veut savoir à quelle large et sereine conception du patriotisme il s'était élevé. Il aimait l'ancienne France pour les gloires qu'elle a léguées à la nouvelle. C'est pour cela qu'il n'a jamais cessé de protester contre l'insupportable prétention de ces esprits étroits qui voudraient faire commencer notre histoire en 1789, et biffer d'un trait de plume sacrilège le long et persévérant labeur de la monarchie. Sévère pour elle, quand il a dû signaler ses erreurs, ses abus ou ses fautes, il a loué magnifiquement, aussi, ses grandeurs, les services qu'elle a rendus et le bien qu'elle a fait. Il n'en fallait pas plus pour qu'on l'accusât d'être animé à l'égard des hommes et des choses de la Révolution, d'un esprit de dénigrement systématique : reproche dont aurait dû le préserver, cependant, la loyauté foncière de sa nature. La vérité, c'est que si certains traits révèlent encore le polémiste et l'homme de parti dans le premier de ses ouvrages sur la Révolution, l'impartialité n'a cessé de grandir dans les études suivantes. Certes, il garde une haine vigoureuse contre les forcenés qui ont fait peser sur la France l'abominable régime de la Terreur : ceux-là, il ne se lasse pas de les poursuivre de ses invectives indignées. Mais, quand, détournant ses yeux des tristes scènes qui s'accomplissent à l'intérieur, il regarde du côté de la frontière et y rencontre, au lieu de la horde des massacreurs, les glorieux vainqueurs de la coalition, il s'incline, il les salue, il répète en se l'appropriant, la belle parole de Daunou :

« Dans ces années de périls et de combats, les Français ne pouvaient guère étudier qu'un seul art, celui de vaincre, et l'on doit convenir qu'ils y ont fait d'assez vastes et rapides progrès. »

Au cours de la préparation de son grand ouvrage, ses dernières rancunes de « réactionnaire » et de « conservateur » s'étaient fondues dans son enthousiasme de patriote : il se proposait de rendre aux généraux, aux soldats de la Révolution, l'éclatant hommage qu'on ne peut leur dénier, sans commettre une sorte d'attentat contre la vérité et contre la Patrie elle-même.

*
* *

Mais déjà il était atteint du mal qui devait l'emporter. C'est en 1882, au mois d'août, pendant un voyage en Suisse, que les premiers symptômes se manifestèrent. Voulant connaître avec exactitude, et la gravité de son état et les chances de guérison qui lui restaient, il se mit à lire en secret des livres de médecine : sans doute, avec l'anxieuse curiosité qu'on met en pareil cas à parcourir ces pages fatidiques auxquelles on demande un oracle de vie, et où tel mot, que l'homme bien portant n'eût même pas remarqué, sonne tout à coup, aux oreilles du malade, comme le glas de ses propres funérailles. On a retrouvé, longtemps après, dans sa bibliothèque, au milieu d'une foule d'ouvrages consacrés à la Révolution française, un traité des maladies du cœur : dans la marge, des coups de crayon marquaient les passages où le malheureux avait rencontré des indications sur son cas. Un docteur allemand de Zurich eut même la cruauté de lui dire

« qu'avec une affection semblable, on en avait généralement pour quatre ou cinq ans à vivre ». Ne gardant aucune illusion sur l'issue du duel qu'il allait engager avec la maladie, car il n'était point de ceux qui se rendent sans avoir combattu, Albert dédaigna de s'abaisser à ces vaines plaintes où se complaisent les âmes faibles; c'est à peine si de loin en loin on l'entendit parler, avec un sourire où quelque amertume pourtant se cachait, de l'obstination que mettait la malechance à le poursuivre. Seulement, il se mit à travailler avec plus d'ardeur encore qu'auparavant, comme quelqu'un de pressé, qui sait que le temps lui est parcimonieusement mesuré et qui voudrait finir sa tâche.

Il avait la pudeur de son mal, et faisait pour le dissimuler des efforts qui l'épuisaient, mais auxquels il dut de donner encore pendant deux ou trois ans l'illusion de la santé à ceux qui, l'ayant connu si vigoureux, ne pouvaient se résoudre à croire que de cette force athlétique plus rien ne restait, qu'une trompeuse apparence. Hélas! cette apparence ellemême allait bientôt s'évanouir! Dès 1885, son visage avait maigri; le regard conservait toute sa fierté, mais cette fierté n'était plus soutenue par la mâle assurance de la démarche, par le je ne sais quoi de souple, de ferme et de hardi qu'autrefois on remarquait en lui, et qui était comme le caractère propre de son être physique. Son allure avait pris quelque chose d'hésitant; ce marcheur infatigable, pour qui des courses de soixante kilomètres dans la montagne n'étaient qu'un jeu, et qui, à la chasse, lassait les plus intrépides, ne pouvait plus gravir un escalier sans qu'une pénible oppression à la montée, une sensation de lourdeur et d'indécision dans les jambes, à la descente, lui rappelassent cruellement l'œuvre lente de destruction qui s'accomplissait dans son pauvre corps. Si du moins il n'avait pas souffert! Mais le même mal qui le minait sourdement et sans trêve, s'exaspérait parfois, et tout à coup, sans qu'il fût possible de prévoir l'accès ou de le conjurer, se mettait à le mordre, comme une bête furieuse, en pleine chair. Ces attaques de l'invisible et inexorable ennemi qu'il portait en lui-même avaient ceci de particulièrement terrible, qu'elles se produisaient avec la soudaineté d'un coup de foudre, à table, dans la rue, dans un salon, au cours d'une conversation, en tout lieu et à toute heure. Qui dira, qui saura jamais les trésors d'énergie que le pauvre martyr a dépensés, pour cacher aux yeux de ses parents, de ses amis, des indifférents même, le supplice qu'il endurait alors, pour continuer et achever l'entretien commencé, pour garder le sourire sur ses lèvres, quand un cri de souffrance y montait?

Pendant les longs mois d'une maladie qui use d'ordinaire le courage en même temps que les forces, il eut cette dignité stoïque de conserver le secret de ses amertumes, de ses anxiétés, de ses colères, peut-être, contre cette fatalité de mort qu'il sentait peser injustement sur lui. Quand on faisait des projets d'avenir en sa présence, et qu'on essayait de l'y associer, il répondait simplement : « Nous verrons. » Que de désespérance dans ce seul mot! Ce n'est point qu'il n'ait eu, lui aussi, des retours de confiance. Sans doute, on l'a vu quelquefois moins absorbé, presque joyeux, dupe, comme tant d'autres, de ces sursis brefs et trompeurs qu'accorde la maladie quand elle ramasse ses forces pour quelque nouvel assaut. Mais il était doué d'une clairvoyance qui bien rarement se laissait mettre en défaut et cette redoutable perspicacité, que l'étude des traités spéciaux avait encore aiguisée, lui montrait bientôt une simple rémittence, au lieu d'un arrêt de son mal. La gaieté fugitive des jours d'espoir s'évanouissait alors, un voile de mélancolie couvrait de nouveau son visage, sans que la cruauté de cette déception altérât l'égalité d'humeur dont il s'était fait une loi. Jusque dans les crises terribles, dont chacune semblait devoir être la dernière, il resta invariablement maître de lui, sans qu'il soit possible de savoir s'il faut faire honneur de cette constance à une fierté virile qui lui interdisait les lamentations, ou à une tendre pitié pour ceux qu'il voyait autour de lui souffrir de sa propre souffrance.

*
* *

Il dut renoncer successivement à tout ce qui jusqu'alors faisait partie à ses yeux du charme de la vie : les exercices violents, d'abord, la natation, l'escrime, la chasse, les longues marches, les ascensions, les voyages, grâce auxquels il donnait satisfaction à cet impérieux besoin d'activité qui était en lui. Puis ce fut le théâtre, puis le monde, puis le travail même... Ces sacrifices, le dernier surtout, lui coûtèrent : car ils étaient l'humiliante constatation de sa déchéance physique, outre qu'ils le laissaient en proie à toute la morne tristesse des longues heures oisives, que remplissait seule la désespérante pensée de l'affreux et prochain dénouement. De nobles, de fidèles amitiés du moins lui restèrent, et ce réconfort ne lui manqua jamais, non plus que les soins touchants dont il ne cessa pas un seul jour d'être l'objet à son foyer. Que tous, hommes ou femmes d'un grand esprit et d'un grand cœur qui l'aidèrent à supporter le fardeau d'une si douloureuse existence, épouse et belle-fille dont la tendre sollicitude veillait sur ses souffrances et les adoucissait, soient remerciés ici pour le bien qu'ils ont fait.

Qui ne l'eût aimé, d'ailleurs, cet homme si vaillant et si bon? Il avait cette douceur des forts, dont le charme est irrésistible. Sa froideur toute extérieure et qui cachait aux yeux de ceux qui le connaissaient mal une nature enthousiaste, capable d'attendrissement, aussi bien que d'élan, cette froideur voulue, systématique, était quelque chose comme une barrière qu'il plaçait devant lui pour se préserver des amitiés banales, dont il avait horreur, et garder avec une sorte de pudeur jalouse le secret de son être intime qu'il n'aimait pas à livrer. En dépit de quelques accès d'humeur chagrine et de misanthropie, — trop excusables, chez qui avait tant de raisons d'accuser la vie d'inclémence à son égard, — Albert, malade, était resté dévoué corps et âme à ses amis, prêt à les aider de toutes manières, avec quels raffinements de délicatesse, plusieurs le savent! Il était souffrant à ne pouvoir presque se tenir debout quand l'un d'eux, ignorant que sa santé fût aussi gravement atteinte, réclama son assistance dans une affaire d'honneur. Au prix de quels efforts Albert l'accompagna sur le terrain, d'abord, puis à la huitième chambre, lors du procès retentissant auquel cette rencontre avait donné lieu! C'est que dans ce corps miné veillait une âme toujours ardente, toujours généreuse, toujours prête au sacrifice. On le vit bien, lorsque dans les premiers mois de 1887, un conflit avec l'Allemagne parut imminent. L'idée qu'on allait se battre sans lui torturait l'ancien soldat de 1870. Il parlait en souriant de suivre l'armée dans une petite voiture découverte, d'où il pourrait encore faire le coup de fusil. « J'ai toujours beaucoup admiré, disait-il, le vieux roi Jean de Luxembourg, qui, aveugle, se fit attacher sur son cheval et conduire par deux de ses chevaliers au milieu des Anglais, à Crécy, pour frapper un dernier coup d'épée avant de mourir... C'était mon rêve, de finir comme ce vieux roi... » Il écrivait à l'un de ses amis : « Quand tu seras de retour à Paris, il faudra que tu me donnes une ou deux heures pour déjeuner. Je viens d'être très malade : mes rhumatismes se sont portés sur le cœur et m'étoufferont un de ces quatre matins. Par précaution, j'aimerais à te serrer la main. Quel guignon d'être pris ainsi quand on va se battre peut-être! Je ne me consolerai jamais de ce coup-là. Je ne fais partie d'aucune société de tir ou de gymnastique : mais voilà dix-sept ans que j'attends, que j'espère cette heure-là, et, crac, voilà que je deviens poussif comme un vieux cheval[1]... » Vers la même époque, à l'heure où la nation se préparait à la lutte suprême, où il semblait que toute parole fût impie qui ne prêchait pas aux Français de tous les partis la réconciliation dans une commune pensée de patriotisme, un homme se trouva, penseur profond et puissant écrivain, pour oser faire à la France cette révélation inattendue que le vainqueur d'Iéna n'était, au fond, qu'un bandit italien, luxurieux et sanguinaire. L'outrage infligé à cette grande mémoire, qui aurait dû, au moins en un pareil moment, rester sacrée pour tous, indigna profondément Albert. Sans même attendre la fin d'une crise particulièrement grave et douloureuse que sa santé délabrée venait encore de traverser, et malgré la recommandation des médecins, qui lui interdisaient toute contention d'esprit, il se mit à composer fiévreusement cette éloquente réplique à M. Taine qui fut comme le testament de sa foi d'impérialiste et de patriote : tel, un vaillant soldat, grièvement blessé ramasse le reste de ses forces, tire un dernier coup de feu pour la défense du drapeau et se couche ensuite pour mourir.

1. Lettre communiquée par M. A. Claveau.

*
* *

Ce suprême effort avait, en effet, achevé de l'épuiser. Si le tremblement de terre auquel il assista en février 1887, à Nice, ne parvint pas à l'émouvoir, il n'en fut pas de même de la disparition d'un homme qu'il aimait tendrement, Raoul Duval, enlevé trop jeune, lui aussi, sans avoir rempli sa destinée, sans avoir eu le temps de donner tout ce que la France avait le droit d'attendre d'un si grand cœur servi par un si grand talent. Albert s'en montra profondément affecté : sans doute, à la douleur de perdre un ami si cher s'ajoutait l'horreur de trouver dans cette fin comme l'annonce de la sienne. De retour à Paris au printemps, il eut la joie d'assister à un heureux événement de famille, le mariage de son beau-fils, M. Roger de Beaune. Dans les premiers jours de juillet, il s'installa chez son père, à Villeneuve-Saint-Georges. De nouvelles crises de suffocation se produisirent presque aussitôt. La mort d'un autre ami, M. Caro, le frappa d'un nouveau coup, et lui fut encore un funèbre présage. Comme il avait toujours été l'homme de la correction et des convenances, il se fit un devoir d'adresser à madame Caro l'expression respectueuse de la part qu'il prenait à son deuil : qui sait si dans le secret de son âme il ne songeait pas, en écrivant d'une main défaillante cette lettre de condoléances, à des lettres semblables, que recevrait bientôt sa femme, presque veuve déjà ? Mais il avait le cœur assez riche pour n'y pas trouver seulement des larmes à verser sur sa propre infortune, et pour se dérober à lui-même, afin de la donner aux autres, cette compassion dont on est avare, quand on souffre.

Comme si ce n'était pas assez de l'affreuse oppression qui rendait, malgré de fréquentes applications de ventouses sur la région du cœur, sa respiration courte et haletante, des troubles graves reparurent du côté des reins, de sorte que ce misérable organisme, épuisé par l'affection nerveuse, se trouva complètement investi, assailli de tous les côtés par la maladie et la douleur. Comment retracer l'horreur de ces nuits qu'il passait dans un fauteuil, sans pouvoir même se renverser en arrière, parce que toute position qu'il essayait de prendre, voisine de l'horizontale, provoquait de nouveaux accès de suffocation ? Il restait là, jusqu'au matin, le haut du corps penché en avant, les coudes sur les genoux, les yeux tout grands ouverts, tantôt regardant fixement dans les demi-ténèbres de la chambre, vaguement éclairée par des veilleuses, tantôt appuyant son front sur le dossier d'une chaise qu'on plaçait devant lui : heureux quand il pouvait s'engourdir ainsi pendant quelques minutes dans une somnolence lourde et hantée de rêves, d'où quelque brusque sursaut l'arrachait soudain, livide, effaré, baigné de sueur. Oh! les longues, les cruelles, les inoubliables heures!... Et comme il se tournait du côté de la fenêtre, pour voir si l'aube ne paraissait pas enfin, et de quel regard il l'accueillait, la douce, la bienfaisante clarté du jour, à laquelle ses yeux allaient se fermer pour jamais!

Un peu de répit lui était-il accordé par la souffrance, Albert ne songeait plus qu'à réparer le désordre de sa toilette. Le sourire revient alors sur ses lèvres; il parle de ses amis, il exprime le regret de « déranger » les personnes qui veillent auprès de lui. Il se fait lire des journaux ou les lit lui-même quand il en a la force, cause doucement, affectueusement, plaisante avec ceux qui l'entourent, et, dès qu'il sent qu'une nouvelle crise se prépare, demande seulement qu'on éloigne son père. Plus d'une fois, il pria sa belle-sœur de lui faire entendre un peu de musique ; il indiquait lui-même les morceaux qu'elle devait jouer, la marche du *Prophète* et celle d'*Aïda*, des fragments de *Faust*, de *Roméo*, les marches funèbres de Chopin et de Beethoven, ses deux airs favoris, qu'il écoutait avec une sorte de recueillement farouche, et comme perdu dans un rêve où devaient passer de lugubres images.

Car, on n'en peut malheureusement douter, il se savait perdu. Dès les premiers jours, il avait dit : « J'en ai pour six semaines ». D'autres paroles qu'il laissa échapper dans une sorte de délire : « Ah ! c'est horrible, c'est horrible ! » et un autre jour : « Que de croix ! que de croix ! » comme si la vision du cimetière eût passé devant ses yeux, ne laissent, hélas ! subsister à cet égard aucune incertitude. Quand on essayait de lui donner un espoir qu'on n'avait plus, il vous regardait longuement, sans rien dire, puis hochait la tête et ne répondait pas. Les souffrances étaient telles, surtout quand le mal se fût localisé dans les reins, qu'il eut des mouvements de révolte, et que, sentant chaque jour la mort plus inévitable et plus proche, il fut tenté de faire lui-même le dernier pas qui le séparait encore d'elle. De tendres supplications le détournèrent de cette affreuse pensée : mais, à ceux qui le conjuraient de ne pas songer à une pareille chose, son long regard désespéré disait, en un langage muet, qu'iis sont quelquefois bien cruels dans leur amour, ceux dont l'affection impose le fardeau de la vie au malheureux qui souffre au delà de ce que les forces humaines peuvent supporter. Une autre pensée, celle de mourir en chrétien, eut d'ailleurs bientôt raison de ces sombres suggestions de la souffrance. Il avait depuis longtemps exprimé le désir d'être assisté à ses derniers moments par le R. P. du Lac. Instruit de l'imminence du dénouement, le Révérend Père n'hésita pas à quitter Cantorbery afin de venir payer au courageux défenseur des congrégations, la dette que son ordre avait contractée envers lui. Ce fut ce grand chrétien qui reçut la confession d'Albert et le réconcilia définitivement avec la foi de son enfance, qu'il avait bien pu perdre, mais sans cesser de la regretter.

Il vécut cinq jours encore. Aux piqûres d'éther, dont on avait reconnu l'impuissance, succédèrent des injections de morphine. Elles calmaient presque instantanément les douleurs, lui assuraient le bienfait du sommeil, mais semblaient en même temps exercer une influence perturbatrice sur le fonctionnement de sa pensée. Un matin, de très bonne heure, on entendait au loin le grondement sourd du canon et le crépitement de la fusillade dans la direction du polygone de Vincennes, où avaient lieu des exercices à feu. S'étant réveillé, il parut prêter attentivement l'oreille à ce bruit connu et aimé, puis, par une de ces bizarres associations d'idées que produit le délire, il se mit à parler de sa campagne de

1870, à causer avec d'imaginaires compagnons d'armes. Son âme guerrière semblait s'épanouir à l'écho lointain des combats de jadis; il essaya de se lever, bien que ses jambes horriblement gonflées lui refusassent depuis une semaine tout service; il avait les yeux brillants, le cou tendu en avant, les narines frémissantes : tel il devait être dans cette héroïque charge à la baïonnette de Reichshoffen, qu'il revivait, peut-être, en cet instant.

A d'autres moments, il retrouvait toute sa lucidité d'esprit. C'est ainsi que, le dimanche 7 août, il voulut revoir les épreuves du dernier de ses articles sur *l'Armée royale en 1789*, que quelqu'un de

1. Cet article parut trois jours après sa mort dans le n° de la *Revue des Deux Mondes* du 15 août. On y a beaucoup remarqué un passage d'une navrante mélancolie, sur le « milicien » de l'ancienne armée royale. « Triste et dur métier, sans honneur et sans récompense... C'est l'éternel sacrifié... Au régiment, on ne l'aime guère, on dirait d'un intrus : pourquoi? En campagne, il marche, il souffre, il se bat, sans grand enthousiasme peut-être, mais enfin il se bat, il est frappé, il meurt, et ce sont toujours les autres qui en ont toute la gloire : pourquoi? *Parce que c'est ainsi, pauvre être; ne cherche pas le pourquoi des choses de la vie! Peut-être un jour, dans bien des années, quelque vaincu du sort, comme toi, sentira-t-il une pitié dans son cœur, et donnera-t-il un souvenir à ta mémoire. En attendant, prends ton lot, fais*

sa famille avait corrigées pour lui : Albert put signaler deux ou trois petites fautes qui avaient passé inaperçues. Son jeune frère Victor étant entré, un petit fusil Gras sur l'épaule, il sembla prendre plaisir à examiner l'arme et commanda l'exercice à cet enfant. Le même jour, il reçut la visite de quelques amis : il leur serra la main, leur dit adieu, avec un long regard qui donnait à ce simple mot une terrible éloquence. La mort était déjà si clairement écrite sur son visage, qu'aucun de ceux qui le virent ce jour-là, ne put retenir en le quittant ses sanglots. Le vendredi 12 août 1887, à sept heures cinq minutes du matin, il poussa trois grands soupirs, renversa la tête en arrière sur le dossier de son fauteuil, et rendit l'âme, entre les bras de sa femme, dont les lèvres fermèrent ses yeux.

*
* *

On vit alors combien il était aimé. Des télégrammes, des lettres arrivèrent de toutes parts, apportant à son père d'innombrables témoignages de sympathie. L'Impératrice, la princesse Mathilde, le prince Napoléon et le prince Victor, firent, des premiers, connaître la part qu'ils prenaient à ce

ta route, et si tu succombes à mi-chemin, tombe en priant pour la France et tais-toi. »

douloureux événement, qui privait la famille et la cause impériale d'un de leurs plus dévoués serviteurs. Des amis inconnus, d'anciens soldats de 1870, qui avaient vu au feu le turco et le volontaire de la Seine, écrivirent des lettres que la naïveté du style ou de l'orthographe rendait plus touchantes encore. « Je viens partager la grande douleur que vous éprouvez en la perte de votre fils Albert, ce grand cœur français. Pauvre Albert, si modeste et si vaillant !... » disait un ancien sapeur du génie à l'armée de Versailles. Un ex-sergent-major au 1er tirailleurs : « Monsieur Duruy père, en vous priant d'agréer mes plus sincères condoléances, j'adresse un dernier et suprême adieu au jeune et ardent patriote disparu trop tôt... » A côté de ces humbles, des hommes éminents, l'honneur du pays. Monseigneur l'évêque d'Autun s'exprimait en ces termes : « ... Cette mort prématurée est la conséquence lointaine mais presque certaine des fatigues endurées pendant la guerre de 1870 par le courageux volontaire qui paya si noblement sa dette à la patrie en danger. Il a donné sa vie à la France, qu'il servait encore si bien en défendant avec talent et énergie de grandes causes bien méconnues aujourd'hui. Ceux qui le pleurent ont droit d'être fiers de lui ! » L'illustre maréchal Canrobert écrivait : « Cher vieil ami, j'apprends l'irréparable malheur qui vous frappe cruellement et atteint du même coup tant d'hommes de cœur et de patriotisme qui chérissaient votre noble fils. Moi, qui l'aimais autant que je l'appréciais, je suis inconsolable de cette immense perte... »

Le service eut lieu à Villeneuve-Saint-Georges, le dimanche 14 août. Dès le matin, le cercueil avait été placé à l'entrée de la maison, dans une sorte de petite chapelle improvisée avec des tentures. Les vieux paysans, qui se souvenaient d'avoir vu jadis le pauvre mort parcourir les rues du village dans tout l'éclat et dans toute la force de son exubérante jeunesse, se tenaient groupés devant la porte. Ils contemplaient sans rien dire, une larme au coin de l'œil, la médaille militaire attachée au drap noir qui recouvrait la bière, et les innombrables couronnes de fleurs amoncelées autour. Dans le nombre, il en était une qui attirait surtout les regards. Elle portait ces mots brodés en perles blanches : 4 août 1870. Celui qui l'avait envoyée, était l'ancien lieutenant d'Albert aux tirailleurs, M. Vuillemin. Blessé grièvement à Wissembourg, il était venu de Bergerac à Paris, afin de subir au Val-de-Grâce une dangereuse opération que sa blessure, après dix-sept ans écoulés, nécessitait encore. Six semaines auparavant, Albert était allé l'embrasser à l'hôpital. Comme sa cuisse ouverte ne lui permettait pas de marcher, Vuillemin avait eu la touchante pensée de se faire représenter aux obsèques de son ami par cette couronne dont l'inscription rappelait le jour où ils avaient à côté l'un de l'autre affronté la mort pour la patrie.

Ce furent de belles funérailles, d'une simplicité pleine de grandeur. Il n'y eut pas de discours, mais beaucoup de larmes. Et maintenant, il repose là-haut, sur la colline au pied de laquelle est bâtie la maison paternelle, là où sa mère, ses deux sœurs, son frère aîné, dorment déjà leur dernier sommeil : lui, l'orgueil et l'éternel regret de ce qu'il reste encore de cette famille décimée. A côté du cimetière, il y a un fort. Un jour, peut-être, la gueule des longs canons noirs vomira de la flamme et du fer par-dessus le paisible champ de repos, frais et riant asile où fleurissent au printemps des aubépines, et les boulets ennemis bouleverseront les tombes. Ame héroïque, reviens alors parmi nous, communique ton indomptable vaillance, ton mépris de la mort à ceux qui livreront les suprêmes combats pour cette patrie que tu as tant aimée !

GEORGE DURUY.

CORBEIL. — Imprimerie CRÉTÉ.

www.ingramcontent.com/pod-product-compliance
Ingram Content Group UK Ltd.
Pitfield, Milton Keynes, MK11 3LW, UK
UKHW021126260726
13994UKWH00002B/994

9 782329 427874